RÉPONSE A CETTE QUESTION :

QU'ENTEND-ON PAR RÉPUBLIQUE ?

HOMMAGE

AUX

REPRÉSENTANTS DE LA GRANDE FAMILLE FRANÇAISE,

Par leur tout dévoué frère et concitoyen,

l'abbé JACQUET.

REIMS,

IMPRIMERIE DE MARÉCHAL-GRUAT,

RUE DE LA PEIRIÈRE, 3.

1848

RÉPONSE A CETTE QUESTION :

QU'ENTEND-ON PAR RÉPUBLIQUE?

Vive la république!

Ce cri poussé dans toute la France, avec la simultanéité et l'amour des concerts célestes, était-il compris, ou n'avait-il que le mérite d'une variante dans ces mille acclamations que notre siècle a entendues?

La France ressemblerait-elle à ces vaisseaux errants à la merci des tempêtes, qui vont se briser contre l'écueil, au moment où ils croyaient toucher au rivage? Ou, dans l'ingénuité d'une éternelle enfance, nous laisserions-nous persuader, sur la parole du premier venu, que ce qu'on nous promet vaut mieux que ce que nous tenons? Peuple de Paris, serait-ce pour reprendre le joug, que deux fois en dix-huit ans, tu l'aurais si énergiquement secoué?

Non! non ! tu savais ce que tu rejetais et ce que tu voulais, toi et la nation qui t'a répondu avec une si admirable harmonie. Dans sa première inspiration, libre comme l'air, prompte comme la lumière, sûre comme la vérité, elle saluait dans la république, le terme de toutes les déceptions, de tous ces tripotages, de ces remaniements politiques, où rien n'était oublié, si ce n'est le peuple, au nom et à la plus grande gloire duquel ils étaient si fastueusement annoncés.

Vive la république, signifiait donc pour lui : Vive la réalité d'un gouvernement juste, loyal et sincèrement national.

Aussi, sans être enthousiaste ni adulateur de ce grand peuple, est-il permis de dire qu'il présentait alors le spectacle le plus majestueux qu'il soit donné de contempler. Ces chaleureuses acclamations, qui se répondaient avec une si touchante unanimité, c'était la voix du ciel, c'était la manne désirée que le bon peuple en croyait déjà voir descendre.

Oui, à ce bon peuple! élus des barricades, vous lui faisiez lire une devise à jamais sacrée, éminemment sociale. Comme il la goûtait! Comme il se l'appropriait! Quel beau début! Quel splendide essai de cette liberté! Quelle inauguration de cette égalité! Quel air de famille entre tous!

Malgré déjà quelques désenchantements, c'est encore tout brûlant de ce feu sacré qu'il a couru aux élections. Vous avez eu dans son choix une nouvelle preuve de ce qu'il est et de ce qu'il veut.

C'est que laissé à lui-même, il est trop naturellement honnête pour rien vouloir d'injuste ni de violent; d'abord parce que c'est le peuple français; puis, d'après cette loi de la Providence qui a mis dans les sociétés, comme dans les individus, l'instinct de leur conservation, et par conséquent le sentiment de la justice, hors duquel il n'est pas de société possible.

Aussi, voyez ces ouvriers! (ne confondons pas avec eux des hommes qui compromettent ce nom honorable, et qui semblent étrangers à l'humanité) quelle grandeur d'âme dans leur abnégation! Ah! bien malheureux sont ceux qui les égarent. Il faut qu'ils le soient assez pour nier la justice éternelle, qui leur redemandera tant de sang répandu par leurs fratricides provocations.

Bien malheureux encore sont ceux qui purent songer à leurs égoïstes intérêts, en présence de ces millions de frères, souffrant avec une résignation qui est de l'héroïsme.

Mais tandis que je trace ces lignes, le canon de la guerre civile gronde, et son tonnerre impie réjouit nos éternels ennemis. Les siècles de la barbarie menacent de recommencer leur cours. Un nom cher à la victoire se mêle à ces scènes de carnage et d'antropophagie. Quel génie ennemi peut le traîner aussi bas? D'autres noms s'élèvent à la gloire la plus pure, la plus vraie, celle de défenseurs de la civilisation et de sauveurs de leur patrie.

Nulle renommée n'éclipsera la vôtre, providentiel Cavaignac, Lamoricière, Bedeau, Changarnier, Lebreton! Et vous, victimes nobles et sacrées, Négrier, Bréa, Charbonnel, Lafontaine, Renaud, Affre, saint pasteur, qui trouvâtes doux de vous offrir en holocauste pour votre troupeau chéri! Que ne puis-je encadrer vos noms bénis dans un tableau digne de vous, nobles et dignes enfants de la patrie, de tout âge, de tout rang, de toute arme, et vous montrer, émules de patriotisme, à côté des Bixio, des Dornès, des Clément-Thomas, des d'Hauteville, et de tous ces élus de la France, en qui on la voyait respirer, ainsi que dans son sublime président; nobles cœurs, jaloux de justifier sa confiance et de montrer qu'il n'est pas de dévouement au-dessus de leur patriotisme!

Mais comment choisir des noms, dans une arène où tout s'est montré héroïque, où des enfants faisaient le désespoir des ennemis les plus acharnés? Il n'appartient qu'au ciel de récompenser tant de mérites, comme de faire briller dans ses fastes tous les noms dignes d'y figurer.

Intrépides gardes nationale et mobile, et vous leurs frères de l'armée, la France, en pleurant d'admiration, pourra dire, grâce à vous, qu'elle ne s'est jamais montrée à un plus haut degré la terre de l'héroïsme. Ce que ces fatales luttes eurent d'à jamais déplorable n'ôte rien à vos lauriers; et il suffira de savoir que vous étiez là, étouffant dans vos bras le démon de la discorde et de l'anarchie, pour que le passant se découvre et salue en chacun de vous un héros.

Gloire au Dieu de ma patrie! qui l'a fait sortir plus grande et plus forte des plus violents orages, et dont la main rassemble ses enfants de tous les points de son territoire, moins pour terrasser le monstre déjà vaincu, que pour prévenir ses nouvelles fureurs et lui en montrer l'inévitable résultat.

Pitié, bien plus encore que malédiction, à ces hommes que nulle patrie ne voudrait avouer. Regardez derrière ces barricades, et voyez-les bondir de joie à l'aspect du sang français versé par des Français! Voyez leurs mains impies semer un or qui du moins n'est pas français, et marchander, à ce vil prix, l'inestimable vie des hommes et le plus inestimable honneur d'ouvriers égarés par la faim, ou par un contact qu'il fallait éviter. Et c'est pour un mot qu'ils ne comprennent pas, pour un ambitieux qu'ils ne connaissent pas, que ces fils de la France montrent un courage dont elle serait fière, et versent un sang auquel elle mêle ses larmes les plus amères.

Ah! qu'il ait du moins pour effet de la guérir de sa trop facile confiance en ces prétendants, qui se font si généreux et qui n'aspirent qu'à s'immoler à son bonheur! Belles paroles! Les promesses sont ce qui coûte le moins. Mais laissez-les faire! Pauvre peuple! tu as appris de quoi ils sont capables. Puisses-tu n'en pas faire une nouvelle expérience! Puissent les faux prophètes, pervers ou dupes de leurs propres rêveries, ne plus trouver d'auditeurs, et de guerre lasse, se voir contraints de partager le repos commun! Puissent les mandataires de la nation continuer à jamais à s'oublier pour elle, et ne puiser dans la grandeur dont elle est investie, que le bonheur de se dévouer au salut de tous! Puisse, ce grand conseil de la famille française, effacer ce que les assemblées humaines ont jamais présenté de plus sage et de plus auguste!

Hommes du pouvoir, quelle palme vous est réservée, lorsque descendant du trône populaire pour reprendre votre rang de simples citoyens, et rendre compte de votre administration, vous serez interrompu par les acclamations d'un peuple satisfait et reconnaissant! Quel sceptre approche d'un tel laurier?

La république est une pépinière de vertus. C'est là surtout

que naissent les grands dévoûments. Paris, dans ses valeureux enfants et dans son saint pontife, la France entière dans ses dignes représentants, dans ses gardes nationales et dans son armée vient de nous en donner une assez belle preuve, et peut-être unique ! Les femmes mêmes, qui semblent exclues de ce grand mouvement des esprits et des choses, ne le sont pas. La sphère s'agrandit pour elles comme pour tout le reste. Qu'un saint patriotisme les anime, et plus qu'à tout autre il leur sera donné de répandre cet esprit d'union et de fraternité, qui sympathise si naturellement avec la douceur de leur esprit et l'exquise sensibilité de leur cœur. Sans chercher les mille raisons qui pourraient en être données, gardiennes du berceau, ne communiquent-elles pas à l'âme ses premières impressions que rien ne saurait détruire, et ne semblent-elles pas faire passer avec la respiration, leurs affections et leurs antipathies, dans l'enfant qui repose sur leur sein ?

Ainsi s'établissent les liens et les rapports universels. L'ouvrier a besoin de la bourse du riche, et celui-ci n'a pas un moindre besoin des bras et de l'industrie de l'ouvrier. Ils ne se doivent rien l'un à l'autre, que les sentiments d'une mutuelle et fraternelle bienveillance. Le bien amène le bien, un progrès en amène un autre ; c'est la logique des choses. Du moment que la considération n'est acquise qu'au mérite personnel, plus de cette morgue et de cet orgueil fastueux et parfois irritant des castes. Les barrières qui séparaient les classes tombent devant l'égalité. Ainsi renaît la nature. Du moment que la richesse n'est plus la monnaie dont se paient les honneurs, mais qu'elle peut y donner des titres légitimes par de patriotiques et affectueuses libéralités ; que le nom de son possesseur ne devra plus être écrit sur une affiche par la main d'un employé de bureau, mais dans les cœurs, par celle de la reconnaissance; cette source de tant de maux pourra devenir une source de vrais mérites, et le moment n'est pas éloigné où sera compris cet adorable paradoxe : *Il est plus heureux de donner que de recevoir.* Comme ce ne sera plus un honneur d'être né riche, ni un démérite d'être né pauvre, le bienfait de la charité n'aura plus rien d'humiliant, que pour le paresseux ou le débauché. Semblable au feu physique, celui de la bienfaisance demandera à se répandre. Beaux jours, ne seriez-vous que des rêves? Non : vous luirez ! Vous êtes dus à une république née de l'Evangile.

Mais le grand bienfait, c'est cette réhabilitation des classes inférieures, le retour à la noblesse originelle de l'homme. Plus vous l'honorerez, plus vous mettrez de distance entre lui et le vice, plus vous le montrerez en spectacle à Dieu et à ses semblables, plus aussi vous l'éloignerez de ces actes qui fuient la lumière, ou de ce cynisme qui la brave.

Et que l'on ne me dise pas que ces principes sont en opposition avec l'humilité de l'Evangile : ils la supposent, au contraire, car l'humilité a pour effet de persuader tellement chaque individu de la bonté des autres, qu'il y croit la sienne inférieure.

Dans une société ainsi constituée, qui donc eût trouvé le le mot de communisme ? Le mot n'eût pas été entendu, et la chose aurait existé, au grand contentement des hommes que l'on a pu appeler, avec une justesse que je laisse pour ce qu'elle est, les déshérités de la fortune, et au non moindre contentement de ses privilégiés. En donnant à l'argent une importance qui n'est pas dans sa nature, on a déchaîné deux sentiments souverainement anti-sociaux, l'envie et la cupidité. Le vrai communisme serait cet échange volontaire de secours et le retour de la richesse à son véritable et plus doux usage, qui est de se communiquer, comme la lumière et tous les dons du créateur, mais avec la même douceur et la même spontanéité, non au moyen de la violence.

Rassurez-vous donc tous, riches, nobles ! La république ne vous ôte rien, pas même l'éclat du rang. Je dis plus : elle vous donne, au lieu de vous ôter, en vous imposant la nécessité de répandre cet éclat, de la seule manière solide et réelle, par vos actes. Alors vous vous montrerez dignes de ces noms dont vous êtes justement jaloux, puisque vous les tenez de vos pères. Leur gloire semblera couler dans vos veines, avec le sang qu'ils vous ont transmis, et nulle loi, nulle envie ne pourra vous contester cette illustration. Qu'elle soit la vôtre : montrez-vous jaloux que nul ne puisse se dire plus populaire que vous. Ne prisez rien dans vos grandeurs, que le mérite d'en descendre de bonne grâce, pour entendre de plus près le cri de la misère, et lui tendre les bras lorsqu'elle vient à vous. Faites que la voix des utopistes soit étouffée par celle de la reconnaissance.

Et vous qu'on nomme le peuple, qui l'êtes, et qui, à ce titre si élevé désormais, possédez la grande part dans la communauté des droits nationaux, usez noblement, usez en frères généreux de ces droits reconquis ! Point de retour sur le passé ! Point d'oreilles pour les orateurs de la rancune et de la réaction ! Soyez le grand peuple, digne de marcher à la tête de la civilisation et de servir de modèle à tous les autres, et montrez la France plus grande encore par cette supériorité de l'exemple, que par celle des armes et d'une valeur proverbiale. Prouvez ainsi qu'il n'est pas de gloire étrangère à notre patrie.

Mais il est d'autres intérêts à concilier que ceux de la misère et de l'opulence, de la chaumière et du château. Comment accorder la fraternité avec l'antipathie des diverses communions? Comment? par le sentiment même de cette fraternité. Est-elle donc une nouvelle découverte ? Non : elle est aussi ancienne que l'humanité. Elle est écrite à toutes les pages de l'Evangile ; elle se lit au fond de tous les cœurs. Les eût-elle fait tous vibrer, eût-elle reçu, lorsqu'elle a été proclamée, un si chaleureux accueil, si elle ne s'y trouvait pas ? Or, des frères cessent-ils d'être frères pour penser diversement? Le jour luit pour tous. Celui qui en jouit le plus, prendra-t-il en haine celui dont la vue n'y prend qu'une part faible, ou nulle? Catholiques, protestants, juifs, qui que nous soyons, ouvrons une carrière toute pacifique! Engageons une lutte qui ne blesse personne. Montrons la bonté de nos doctrines par la bonté de nos actions; et que celle-là soit reconnue supérieure et divine, qui aura inspiré les plus beaux dévoûments, l'amour le plus ardent de l'humanité. Ce sont les vaincus qui décerneront la couronne aux vainqueurs. Mais je me trompe : il ne peut y avoir ni vaincu ni vainqueur là où la vérité seule doit se lever triomphante. En attendant, et quoi qu'il arrive, soyons unis par les liens de l'estime et de la divine charité.

Catholiques, soyez les premiers à reconnaître et à publier que s'il y a des hérésies de dogme, il y en a aussi de morale, et que les dernières ne conduisent pas à une meilleure fin que les autres, puisque *celui qui n'aime pas demeure dans la mort*. Celui qui n'aime pas n'est plus même un être sociable.

La république, qui est la chose de tous, vous ouvre un vaste champ et doit éveiller toutes vos sympathies. Elle proclame ce que vous professez, et c'est dans le livre où vous lisez vos croyances, vos destinées et vos devoirs, qu'elle a pris son impérissable devise. Cette devise est le dernier mot de votre symbole. Il faut raisonner pour reconnaître la vérité de vos doctrines. Mais il ne faut que laisser parler le cœur pour avouer la divinité d'une loi qui se résume dans la charité. De là cette parole d'un de vos plus grands pontifes : *Aimez et faites ce que vous voudrez*. Mot simple et profond! Oserai-je le commenter? Et me tromperai-je en disant que celui qui aime est déjà catholique dans le cœur, et que celui qui n'aime pas a déjà cessé de l'être.

Amour donc! non cet amour commandé par les hommes, et dont le mot se trouve dans la bouche des faux comme des vrais républicains; mais cet amour, émancipation du feu céleste, pur comme la vérité et inséparable d'elle!

Place à cette république, qui en fait sa loi fondamentale! C'est la loi du Christ qui arrive à ses derniers développements, et dont la lumière, comme celle du soleil, n'admet point d'exclusions. Laissez-la se répandre et pénétrer jusqu'aux extrémités de la terre; il y aura encore des nations, mais il n'y aura plus de frontières qui arrêtent le commerce des affections et des cœurs. Encore des communions dissidentes, mais qui, par l'attraction de l'amour fraternel, tendront à se rapprocher du centre commun.

Plus de ces haines insensées et aveugles! Cet alliage de l'ancienne barbarie, ces scories qui restaient mêlées à l'or de la civilisation, cette diplomatie de fraude et de surprise, ces rivalités de nations égoïstes et hostiles, ces guerres, suivies de traités rompus avant d'être signés, toutes ces tristes et sanglantes dérogations aux saintes lois de l'humanité auront disparu; et la France aura donné le signal.

Devant ce grand avenir à l'enfantement duquel nous assistons, qu'ils sont petits ces prétendants qui bourdonnent autour de la ruche de la république! Que leurs promesses sont mesquines! Nous donnassent-ils ces fabuleux milliards dont leurs émissaires éblouissent de par trop candides crédulités, que seraient leurs dons pour compenser ceux qu'ils nous raviraient? Le pêcheur fait aussi ses dons aux poissons. Ambitieux de toutes les bannières, vous faites briller l'appât et vous cachez l'hameçon. Se trouverait-il encore des âmes assez rebelles à l'expérience pour se laisser surprendre? Que parlent-ils de leurs droits? Eussent-ils deux mille ans d'existence, ceux des peuples sont plus anciens, car ils remontent au berceau de la société; plus sacrés, car ils viennent de Dieu.

Mais quel abus de mots : vos droits! Comme si le mandataire couronné d'un peuple pouvait en transmettre à ses fils la propriété; et que celui devant qui les humains sont égaux, eût rendu des millions de familles le patrimoine d'une seule!

Mais si le droit des nations déboute l'héritier séculaire, sera-ce pour accueillir celui du trône si dérisoirement dit populaire, ou élever sur le pavois ce troisième prétendant, car il en pleut? Ce dernier se présente sous le prestige d'un grand nom. Il évoque une ombre chère à la France, avec force engagements de la faire revivre. Mais la gloire est un héritage placé bien haut. Il n'est donné qu'aux géants de l'atteindre. Et cette gloire elle-même, immortelle, immense, si brillante à son midi, qu'était-elle devenue à son coucher? J'oserai m'en décharger le cœur; parce que j'ai la confiance que nul n'a le droit de se dire plus que moi, l'admirateur de Napoléon. Mon âme se révolte de le voir sur ce rocher, à l'insultante merci de ses plus implacables ennemis. Je fais plus que l'admirer; je l'aime. J'arrose ses fers de mes larmes; mais j'en verse encore de plus amères sur l'état d'humiliation où il laisse cette France qu'il avait faite si grande. Ce n'était sans doute pas la moindre torture de ce noble cœur.

Enfin, il est passé le temps de cette gloire et de ces lauriers qui coûtent si cher! La France en veut cueillir d'autres. Malheur à qui viendrait l'arrêter dans cette carrière de paix et de conquêtes sociales, où elle convie tous les peuples à la suivre!

Chose étrange! ce sont des catholiques qui se montrent disposés à voir ces entraves surgir du catholicisme. Echos, à leur insu peut-être, des hommes qui redoutent sa franche adhésion à l'empire de la liberté, ils se sont armés de tout pour le rendre suspect et l'attaquer. Il ne faut pas répondre à ces esprits malades, qui voient ses ministres en conspiration permanente, donnant la main à tous les factieux, faisant ruisseler dans leurs poches un or qui ne peut leur venir que de la pierre philosophale; rêvant encore le retour des dîmes. Non, c'est déjà trop de rappeler ces extravagances; il faut laisser à la risée publique le soin d'en faire justice. Il n'en est pas de même des prétentions des papes et des persécutions que l'on reproche au catholicisme.

Je commence par ces dernières : et d'abord loin, bien loin de moi toute récrimination ! Elle serait trop contraire au but que je me propose, et trop intempestive en ce moment, où des chefs mêmes de la synagogue viennent de donner une marque si éclatante et en même temps si touchante, de cette extinction des antipathies de religion, et de cette vraie philanthropie, qui a des larmes pour toutes les douleurs, et des sympathies pour toutes les gloires. Honneur à vous, maîtres d'Israël, qui en portiez le tribut au pied de la couche vénérée où expirait le successeur et l'émule de saint Denis.

Hommes généreux de toutes les communions, vous m'avez peut-être devancé, en répondant qu'il serait trop injuste d'imputer à une croyance les inhumanités d'une politique artificieuse et barbare. Elle ose invoquer la religion qui la désavoue, la repousse, et frappe d'une éternelle réprobation ces zélateurs serviles et dignes d'elle, qui lui auraient servi d'instruments. Ici, tout blesse la société à l'égal de la religion. Il n'en est pas de même des prétentions des papes. Je laisse les motifs qu'il n'appartient qu'à Dieu de peser ; mais dans leurs résultats, elles semblent être un premier appel et un acheminement des peuples à la liberté. Lorsque tout se taisait sous le sceptre d'un despote, les peuples pouvaient-ils se scandaliser d'entendre cette voix unique protester et lever l'obligation de lui obéir ? Ainsi se préparait leur émancipation, et tombait l'absurde doctrine du droit divin. Que prouvent contre la logique des faits, le servilisme et les adulations de quelques âmes mercenaires ? Elles n'ont pas arrêté la marche des principes ; ils sont arrivés à leur conséquence, et la politique des papes s'est révélée. Il était réservé à un de ces hommes d'élite, dont la nature est avare, de monter sur le trône de l'Eglise, et d'y proclamer l'ère de la liberté.

Aussi quelle spontanéité du clergé français dans son accueil à la république! L'âme du chef semblait circuler dans les membres. Sur tous les points à la fois les mêmes vœux, les mêmes bénédictions envoyées à ce drapeau flottant au faîte des églises et des arbres de liberté ; et après de longs jours d'abaissement, se relevant superbe, pour annoncer au monde le réveil du peuple français et l'ère de la liberté.

Il semblait voir éclore un monde nouveau, assister à une seconde création. A la tête des affaires, des hommes purs et dévoués, moins jaloux d'obtenir les honneurs que de les mériter ; avares de promesses, prodigues de bienfaits. Avec les injustes et blessantes préférences de la faveur, disparaissait la nuée des solliciteurs. Le budget ramené à un chiffre modéré et rassurant ; les citoyens apportant leurs tributs, comme une offrande volontaire à la patrie ; les ambitions déshéritées, réduites au silence, et contraintes de s'accommoder du bien-être général.

Chères et douces espérances ! Que dis-je ! réalités. L'imagination sait-elle attendre? Non, elle marche, elle vole, et lasse enfin, se retourne et s'irrite de voir les évènements qu'elle croyait entraîner, à perte de vue derrière elle. De là ces murmures, ces colères et ces vengeances, promptes à transformer en pygmées les hommes dont on s'était fait des colosses.

Ils étaient pourtant bien calmes et bien beaux, ces jours qui ont suivi le tremblement de terre de février. A qui l'honneur? Il n'y avait qu'une voix pour glorifier les élus des barricades. O vicissitudes des choses! Ce n'est plus à eux, c'est à ce peuple, c'est à ces ouvriers que revient toute la gloire : et c'est sans eux, en dépit d'eux..... Je me tais : je sens trop mon incompétence en de si graves questions. En attendant que la lumière se fasse, je garde l'impression du bien, et m'abstiens de croire au mal.

Mais si c'est ce peuple, auquel nous sommes tous fiers d'appartenir, qui faisait les heureux essais de sa souveraineté, en se gouvernant lui-même, du moins, écrivains de la presse périodique, ne le découragez pas. N'apportez pas à l'examen de ses choix, une critique inexorable. Si la perfection, ou quelque chose d'approchant, doit être un jour l'apanage de la république française, donnez-lui le temps d'arriver. Avertissez avec énergie, l'amitié trouve quelquefois des paroles sévères; mais ne ravissez pas à des hommes de cœur, la confiance et l'estime de leurs concitoyens, et ne mettez pas votre étude à leur persuader qu'ils sont au-dessous de leur tâche, surtout quand ils ont, tout au contraire, besoin de se faire une heureuse illusion, une prudente exagération de leurs forces, pour ne pas y succomber.

Souvent les plus beaux résultats sont dus à ces encouragements. L'audacieux espoir de réussir conduit aux succès. Demandez-le à ces enfants de la garde mobile, à tous ces champions de l'ordre et de la société, depuis le général et le représentant du peuple, jusqu'au simple légionnaire : Qui leur a donné le pouvoir des prodiges? Dieu, sans doute; mais par l'invincible confiance dont il les avait armés.

Quelle que soit la divergence de nos opinions, avant tout soyons frères! Et si quelquefois il arrive que la confusion de ces idées et de ces tendances diverses ressemble un peu au chaos, la ressemblance deviendra complète, et de ce chaos moral sortira aussi la lumière, par la parole, dans une discussion sincère, amicale et attachée à la seule recherche de la vérité. Ne peut-on être fort et modéré, avoir raison, sans taxer les autres de folie? signaler les fautes, sans stigmatiser les hommes? Consultez votre patriotisme, plutôt que les goûts de certains lecteurs qui, au rebours des optimistes, n'ont de plaisir qu'à entendre dire que tout est mal. Placez-vous à la hauteur de votre rang, en tant que membre de ce grand corps appelé le peuple souverain; et lors même qu'un peu d'indulgence serait nécessaire, imitez ce sénat romain qui, au lieu de sévir contre des consuls imprévoyants et d'une témérité fatale à la république, les réhabilitait à leurs propres yeux, en les louant de ne pas en avoir désespéré.

C'est à tous que je le dis, et d'abord à ces grands citoyens à qui la république confie ses destinées : montrez-vous aussi supérieurs aux passions vindicatives, qu'aux alarmes et aux plus terribles péripéties, que vous avez si héroïquement affrontées. Mais vous prévenez mes vœux. Continuez donc de faire ainsi éclater la différence qui existe entre la démocratie et la démagogie. Après avoir sauvé la patrie, assurez son repos et sa prospérité au dedans, et sa grandeur au dehors, par une politique qui sera d'autant plus admise, qu'on la saura aussi forte que sincère et désintéressée.

Et vous, représentants de la grande nation, poursuivez votre œuvre régénératrice, fondez la république véritable et la plus belle que le soleil ait éclairée! Les obstacles ne feront qu'ajouter à votre gloire. Imprimez à votre éminent caractère, la forme à suivre par vos successeurs. Jamais mission plus grande et plus difficile n'aura été confiée aux mandataires d'une nation. La France est heureuse et fière de vous voir répondre à ses vœux et, dans des jours de périls aussi inouïs qu'imprévus, dépasser ses espérances. Aussi modérés que forts, désespérez le génie du mal par une sagesse égale à votre courage! Le jour viendra où les acclamations d'un peuple reconnaissant, ses durables bénédictions, et surtout le spectacle, le doux spectacle de son bonheur, vous paieront de tant de travaux et de persévérance.

www.ingramcontent.com/pod-product-compliance
Lightning Source LLC
LaVergne TN
LVHW010325230826
846091LV00009B/3764
* 9 7 8 2 0 1 1 7 8 2 7 3 1 *